AF222011

Impressum
Verlag: BABADADA GmbH, Nedderfeld 112 , 22529 Hamburg
Geschäftsführer / Verlagsleitung: Harald Hof
Druck: Books on Demand GmbH, In de Tarpen 42, 22848 Norderstedt

Imprint
Publisher: BABADADA GmbH, Nedderfeld 112 , 22529 Hamburg, Germany
Managing Director / Publishing direction: Harald Hof
Print: Books on Demand GmbH, In de Tarpen 42, 22848 Norderstedt

училище

shule

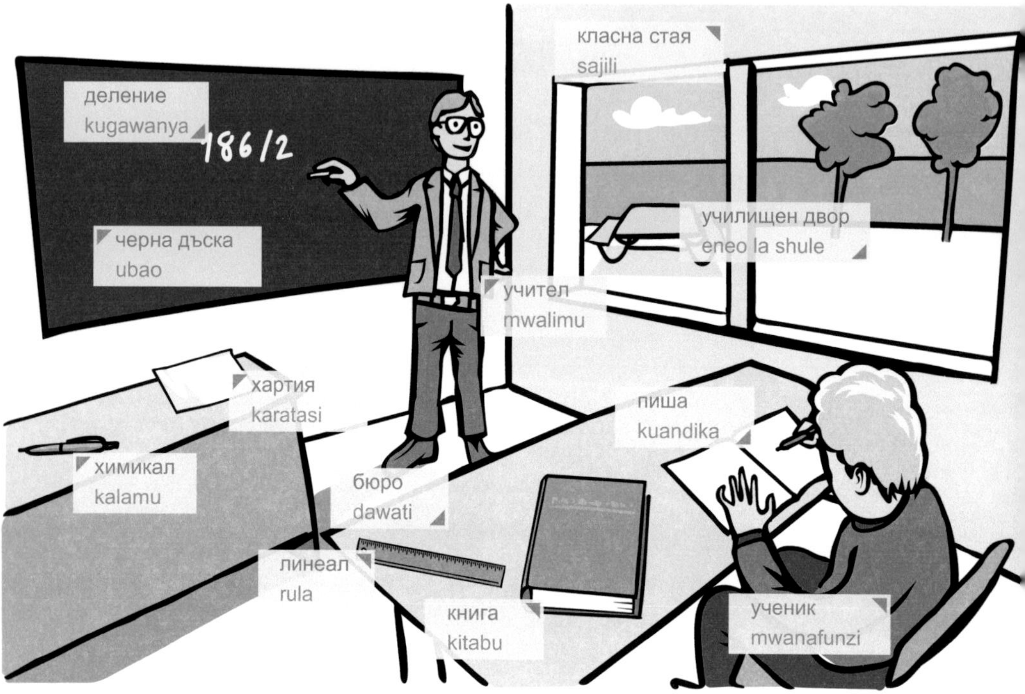

класна стая
sajili
деление
kugawanya
186/2
черна дъска
ubao
училищен двор
eneo la shule
учител
mwalimu
хартия
karatasi
пиша
kuandika
химикал
kalamu
бюро
dawati
линеал
rula
книга
kitabu
ученик
mwanafunzi

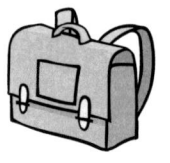

ученическа раница

mkoba

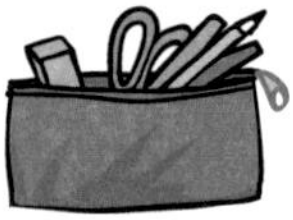

ученически несесер

kikasha cha penseli

молив

penseli

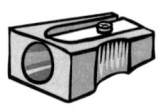

острилка за моливи

kichonga penseli

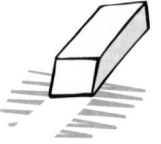

гума

mpira

блок за рисуване

pedi ya kuchora

рисунка

uchoraji

четка

brashi ya rangi

акварелни бои

sanduku la rangi

ножица

mkasi

лепило

gundi

тетрадка за упражнения

daftari

домашна работа

kazi ya nyumbani

число

nambari

събиране

jumlisha

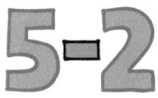

изваждане

ondoa

умножение

zidisha

смятане

kokotoa

буква

barua

азбука

alfabeti

дума

neno

текст

maandishi

чета

kusoma

тебешир

chaki

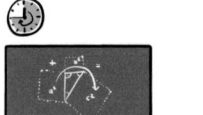

час

somo

дневник на класа

sajili

изпит

uchunguzi

свидетелство

cheti

ученическа униформа

sare za shule

образование

elimu

справочник

elezo

университет

chuo kikuu

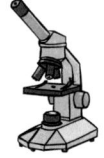

микроскоп

darubini

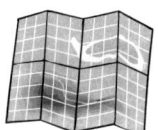

карта

ramani

кошче за хартиени
отпадъци

kikapu cha kuweka karatasi
chafu

хотел
hoteli

хостел
hosteli

обменно бюро
ofisi ya ubadilishanaji

куфар
sanduku

кола
gari

език

да / не

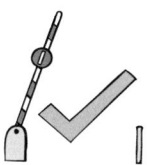

Окей

lugha

ndiyo / la

sawa

здравей

преводач

Благодаря

hujambo

mtafsiri

Asante

Колко струва...?

kiasi gani ni ...?

Не разбирам

Sielewi

проблем

tatizo

Добър вечер!

Jioni njema!

Добро утро!

Habari za asubuhi!

Лека нощ!

Usiku mwema!

довиждане

kwa heri

посока

mwelekeo

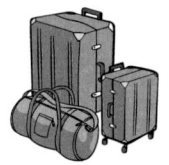

багаж

mizigo

пътна чанта

mfuko

раница

shanta

посетител

mgeni

стая

chumba

спален чувал

begi la kulalia

палатка

hema

туристическа информация

taarifa ya utalii

плаж

ufuo

кредитна карта

kadi

закуска

kifunguakinywa

обед

chakula cha mchana

вечеря

chakula cha jioni

билет

tiketi

асансьор

kuinua

пощенска марка

muhuri

граница

mpaka

митница

mila

посолство

ubalozi

виза

visa

паспорт

pasipoti

транспорт
usafiri

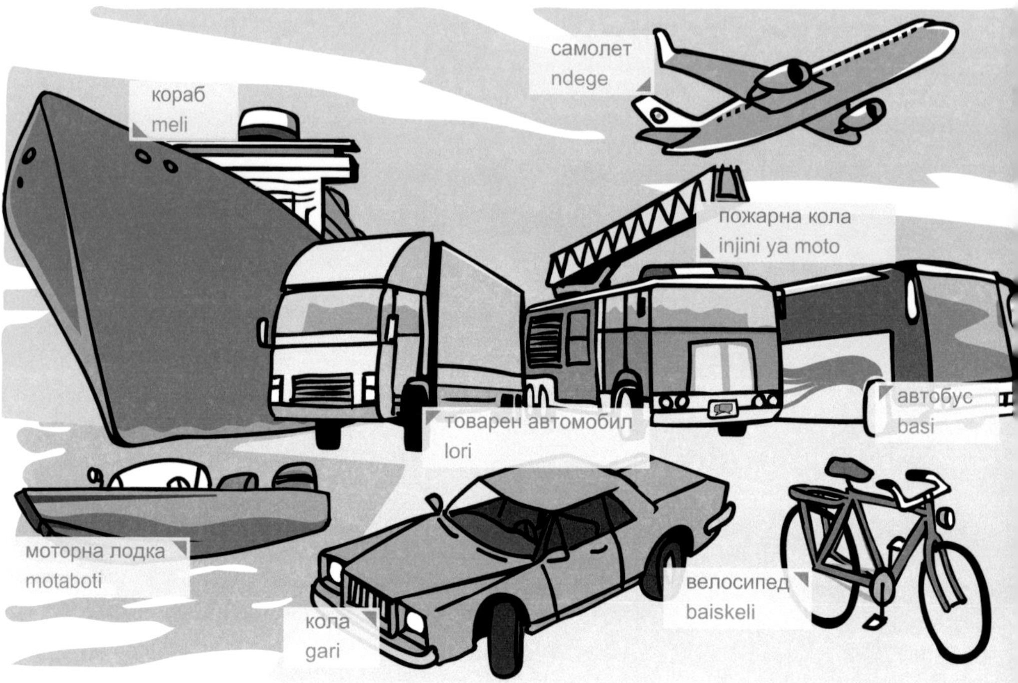
самолет
ndege
кораб
meli
пожарна кола
injini ya moto
товарен автомобил
lori
автобус
basi
моторна лодка
motaboti
велосипед
baiskeli
кола
gari

фериботfi
feri

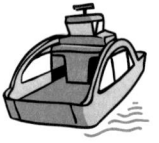

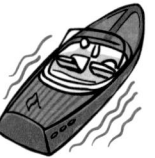

лодка
mashua

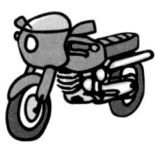

мотоциклет
pikipiki

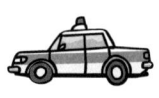

полицейска кола
gari la polisi

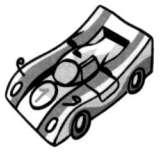

състезателна кола
gari la mashindano

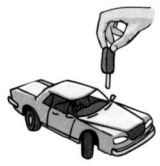

кола под наем
gari la kukodisha

каршеринг

kushiriki gari

автомобил от "Пътна помощ"

lori la kuvuta

сметовоз

ukusanyaji taka

двигател

motor

бензин

mafuta

бензиностанция

kituo cha mafuta

пътен знак

ishara trafiki

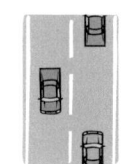

улично движение

trafiki

задръстване

msongamano

паркинг

maegesho

гара

kituo cha treni

релси

reli

влак

garimoshi

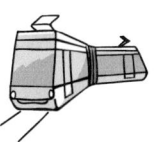

трамвай

tremu

вагон

gari la mizigo

хеликоптер

helikopta

аерогара

uwanja wa ndege

кула

mnara

пасажер

abiria

контейнер

chombo

кашон

katoni

ръчна количка

mkokoteni

кошница

kikapu

излитам / приземявам се

ondoka

град

jiji

село

kijiji

градски център

katikati ya jiji

къща

nyumba

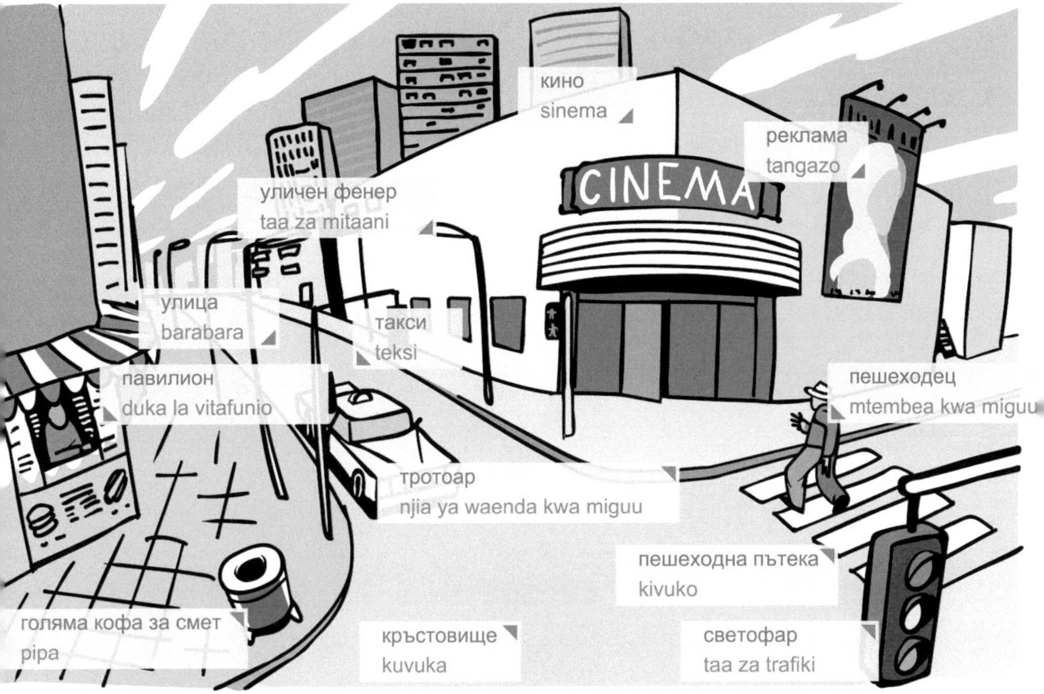

кино
sinema
реклама
tangazo
CINEMA
уличен фенер
taa za mitaani
улица
barabara
такси
teksi
павилион
duka la vitafunio
пешеходец
mtembea kwa miguu
тротоар
njia ya waenda kwa miguu
пешеходна пътека
kivuko
голяма кофа за смет
pipa
кръстовище
kuvuka
светофар
taa za trafiki

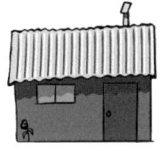

хижа

kibanda

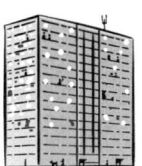

жилище

gorofa

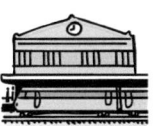

гара

kituo cha treni

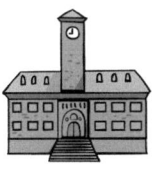

кметство

ukumbi wa mji

MUSEUM

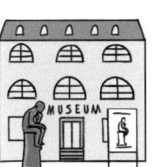

музей

Makavazi

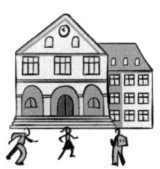

училище

shule

университет

chuo kikuu

банка

benki

болница

hospitali

хотел

hoteli

аптека

duka la dawa

офис

ofisi

книжарница

duka la kitabu

магазин за цветя

duka

магазин за цветя

duka la maua

супермаркет

dukakuu

пазар

soko

универсален магазин

idara ya kuhifadhi

търговец на риба

mwuza samaki

търговски център

kituo cha ununuzi

пристанище

bandari

парк

Hifadhi

пейка

benki

мост

daraja

стълба

vidato

метро

chini ya ardhi

тунел

handaki

автобусна спирка

kituo cha mabasi

бар

bar

ресторант

mgahawa

пощенска кутия

sanduku la posta

улична табелка

ishara ya barabara

часовник за паркинг престой

mita ya maegesho

зоологическа градина

bustani ya wanyama

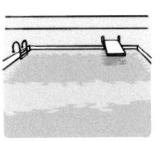

плувен басейн

kidimbwi cha kuogelea

джамия

msikiti

селски двор

shamba

замърсяване на околната среда

uchafuzi

гробище

makaburini

църква

kanisa

детска площадка

uwanja wa michezo

храм

hekalu

пейзаж
mazingira

листо
jani

пътепоказател
ishara ya mwelekeo

път
njia

ливада
malisho

камък
jiwe

дърво
mti

пътешественик
mtembeaji wa masafa

река
mto

трева
nyasi

цвете
ua

долина

bonde

планина

kilima

море

ziwa

гора

msitu

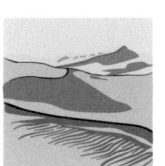

пустиня

jangwa

вулкан

volkano

замък

ngome

дъга

upinde wa mvua

гъба

uyoga

палма

mtende

комар

mbu

муха

kuruka

мравка

chungu

пчела

nyuki

паяк

buibui

бръмбар

mende

жаба

chura

катеричка

kuchakuro

таралеж

nungunungu

заек

sungura

кукумявка

bundi

птица

ndege

лебед

swan

диво прасе

nguruwe mwitu

елен

kulungu

лос

aina ya kongoni

бент

bwawa

вятърна турбина

tabo ya upepo

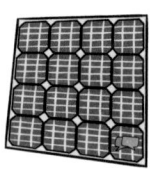

соларен модул

nishaji ya jua

климат

hali ya hewa

ресторант

mgahawa

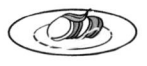

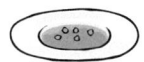

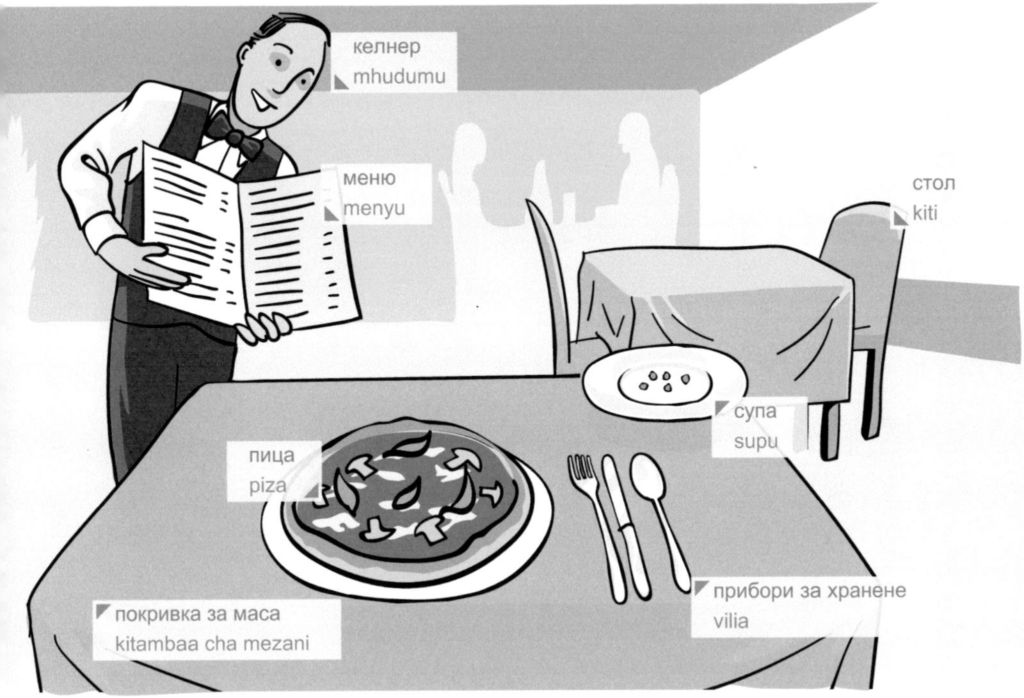

келнер
mhudumu
меню
menyu
стол
kiti
супа
supu
пица
piza
прибори за хранене
vilia
покривка за маса
kitambaa cha mezani

предястие

kiamsha hamu

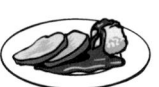

основно ястие

kozi kuu

десерт

kitindamlo

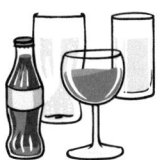

напитки

vinywaji

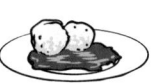

ядене

chakula

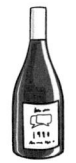

бутилка

chupa

бързо хранене

chakula cha haraka

улична храна

Streetfood

кана за чай

buli

кутия за захар

kisanduku cha sukari

порция

sehemu

еспресо машина

mashine ya espresso

висок детски стол

kiti kirefu

сметка

muswada

табла

trei

ножица за нокти

kisu

вилица

uma

лъжица

kijiko

чаена лъжичка

kijiko cha chai

салфетка

nepi

стъклена чаша

glasi

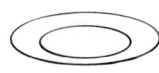

чиния

sahani

чиния за супа

sahani ya supu

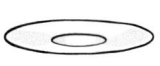

чинийка

sufuria

сос

mchuzi

солница

kichanyaji chumvi

мелничка за черен пипер

kinu cha pilipili

оцет

siki

олио

mafuta

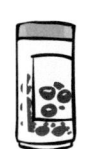

подправки

viungo

кетчуп

kechapu

горчица

haradali

майонеза

kachumbari nzito

супермаркет

dukakuu

оферта
ofa maalum
FOR
клиент
mteja
млечни продукти
maziwa
плодове
matunda
количка за покупки
toroli

BUTCHERS

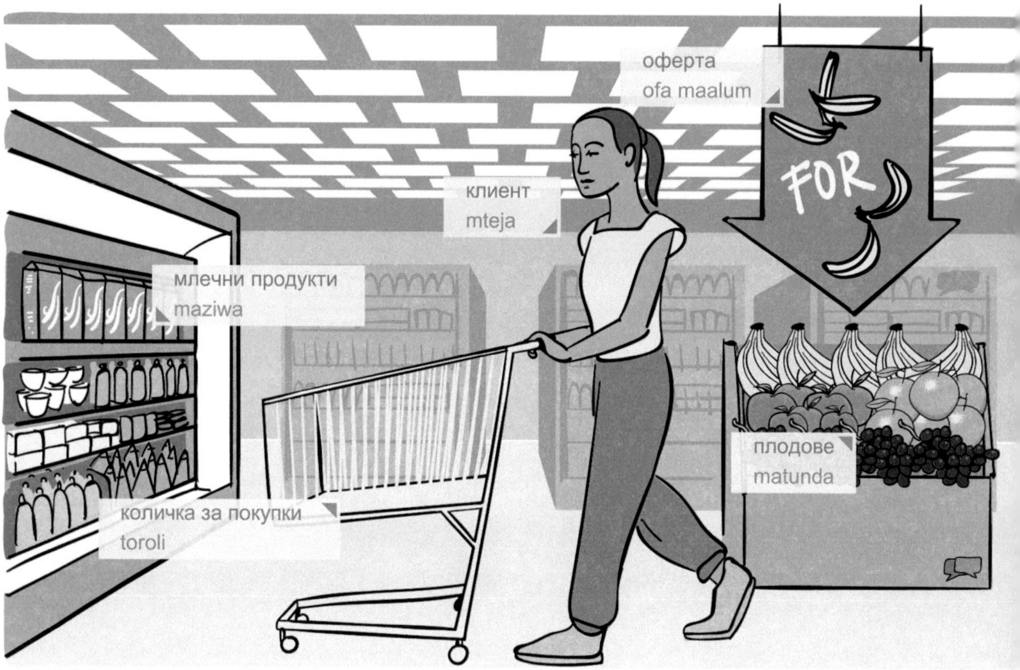

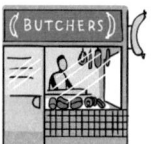

кланица

mchinjaji

BAKERY

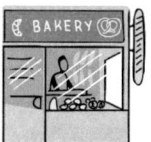

хлебарница

mwokaji

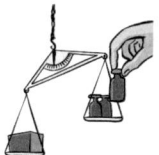

тегля

uzito

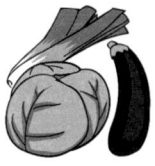

зеленчуци

mboga

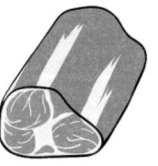

месо

nyama

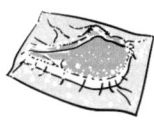

дълбоко замразена храна

chakula waliohifadhiwa

нарязан колбас или сирене
vipande vya nyama baridi

консерви
chakula cha kopo

перилен препарат
sabuni ya unga

лакомства
pipi

домакински изделия
bidhaa za kaya

почистващи препарати
bidhaa za kusafisha

продавачка
mtu mauzo

каса
mpaka

касиер
keshia

списък на покупките
orodha ya manunuzi

работно време
masaa ya ufunguzi

портфейл
mkoba

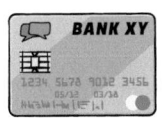

кредитна карта
kadi

чанта
mfuko

пластмасова торба
mfuko wa plastiki

вода

maji

сок

sharubati

мляко

maziwa

кола

coke

вино

mvinyo

бира

bia

алкохол

pombe

какао

kakao

чай

chai

кафе машина

kahawa

еспресо

spreso

капучино

kapuchino

банан

ndizi

ябълка

tufaha

портокал

machungwa

пъпеш

tikiti

лимон

lemon

морков

karoti

чесън

kitunguu saumu

бамбук

mianzi

лук

kitunguu

гъба

uyoga

ядки

karanga

макарони

nudo

спагети

spageti

ориз

mpunga

салата

saladi

пържени картофи

vibanzi

печени картофи

viazi vya kukaanga

пица

piza

хамбургер

hambaga

сандвич

sandwichi

шницел

kipande

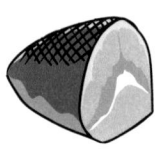

шунка

paja la mnyama

траен колбас

salami

салам

soseji

пиле

kuku

печено

choma

риба

samaki

ядене - chakula

овесени ядки

oats ya uji

мюсли

muesli

корнфлейкс

cornflakes

брашно

unga

кроасан

kroisanti

хлебчета

andazi

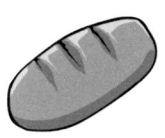

хляб

mkate

препечена филийка

mkate wa kubanika

бисквити

biskuti

масло

siagi

извара

maziwa mgando

сладкиш

keki

яйце

yai

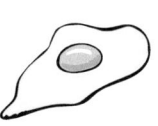

яйца на очи

yai kukaanga

сирене

jibini

сладолед

aiskrimu

захар

sukari

мед

asali

мармалад

jemu

нуга крем

kuenea kwa chokoleti

къри

mchuzi wa viungo

ядене - chakula

селски двор

shamba

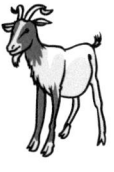

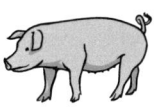

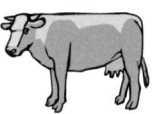

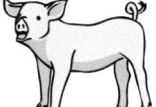

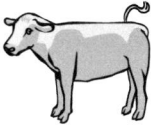

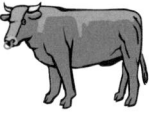

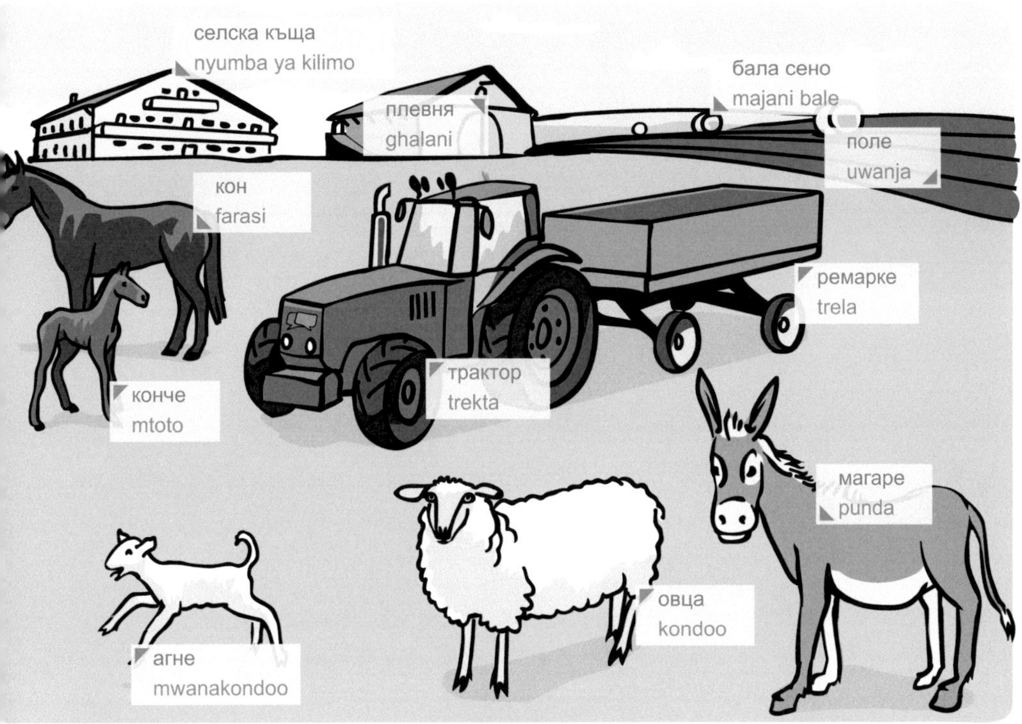

селска къща
nyumba ya kilimo
плевня
ghalani
бала сено
majani bale
поле
uwanja
кон
farasi
ремарке
trela
трактор
trekta
конче
mtoto
магаре
punda
овца
kondoo
агне
mwanakondoo

коза

mbuzi

крава

ng'ombe

теле

ndama

свиня

nguruwe

прасенце

mwananguruwe

бик

fahali

гъска

batabukini

патица

bata

пиленце

kifaranga

кокошка

kuku

петел

jogoo

плъх

panya

котка

paka

мишка

panya

вол

ng'ombe

куче

mbwa

кучешка колиба

nyumba ya mbwa

градински маркуч

bomba la bustani

лейка

debe la kumwagilia maji

коса

fyekeo

плуг

kulima

сърп

mundu

мотика

jembe

вила за тор

uma wa nyasi

брадва

shoka

ръчна количка

toroli

корито

kupitia nyimbo

съд за мляко

chombo cha maziwa

чувал

gunia

ограда

ua

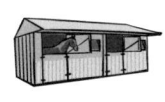

обор

imara

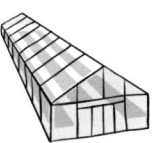

парник

chafu

земя

udongo

сеитба

mbegu

тор

mbolea

комбайн

kivunaji

жъна

mavuno

реколта

mavuno

ямс

viazi vikuu

жито

ngano

соя

soya

картоф

viazi

царевица

mahindi

рапица

rapa

овощно дърво

mti wa matunda

маниока

muhogo

зърнени храни

nafaka

къща

nyumba

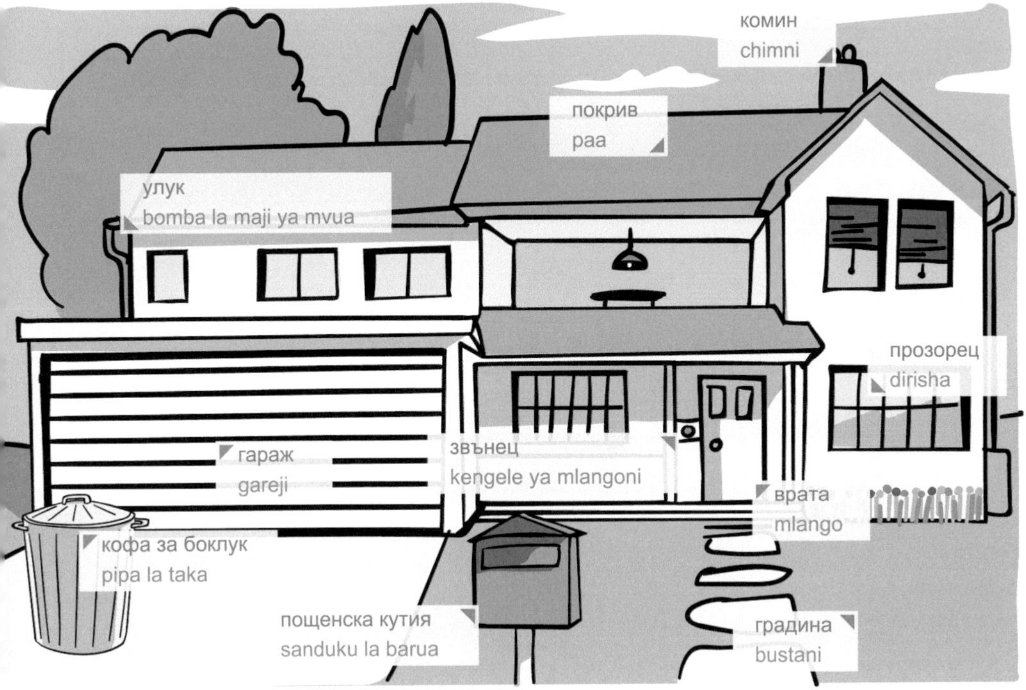

комин
chimni
покрив
paa
улук
bomba la maji ya mvua
прозорец
dirisha
гараж
gareji
звънец
kengele ya mlangoni
врата
mlango
кофа за боклук
pipa la taka
пощенска кутия
sanduku la barua
градина
bustani

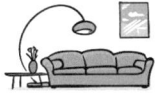

всекидневна

sebuleni

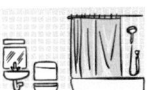

баня

bafu

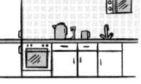

кухня

jikoni

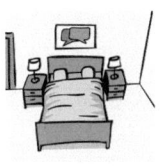

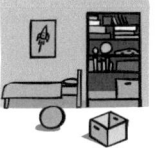

спалня

chumba cha kulala

детска стая

chumba ya mtoto

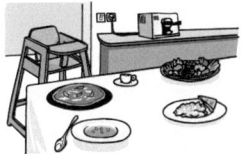

трапезария

chumba cha kulia

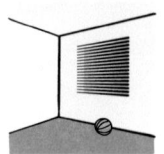

под

sakafu

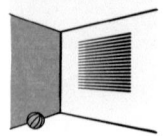

стена

ukuta

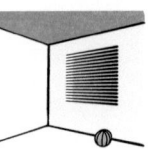

таван

dari

изба

pishi

сауна

sauna

балкон

roshani

тераса

mtaro

плувен басейн

kidimbwi

косачка

mashine ya kukata nyasi

спално бельо

karatasi

покривка за легло

kitambaa cha kupamba
kitanda

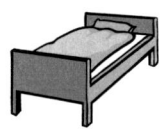

легло

kitanda

метла

ufagio

кофа

ndoo

електрически ключ

kubadili

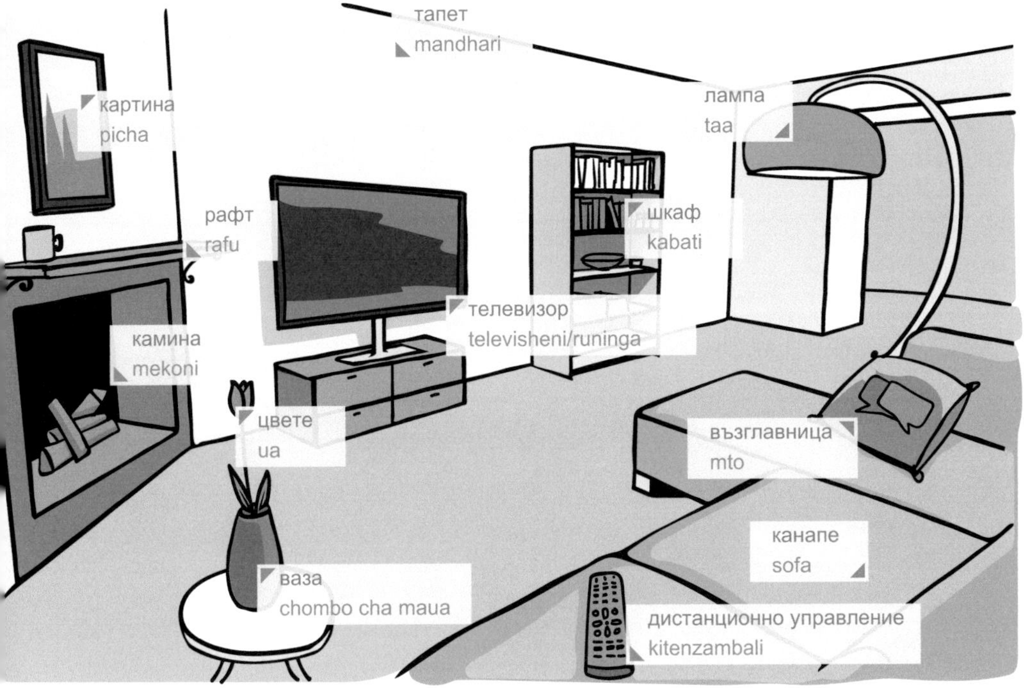

тапет
mandhari

картина
picha

лампа
taa

рафт
rafu

шкаф
kabati

камина
mekoni

телевизор
televisheni/runinga

цвете
ua

възглавница
mto

канапе
sofa

ваза
chombo cha maua

дистанционно управление
kitenzambali

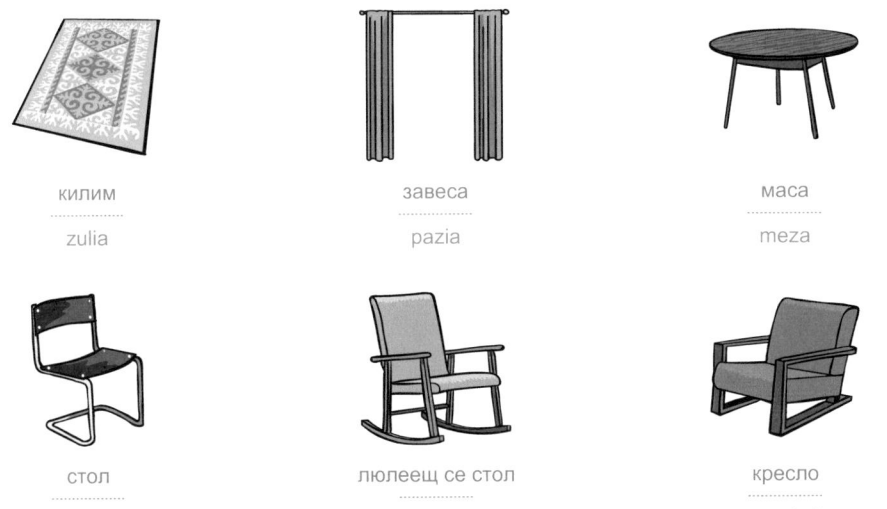

килим	завеса	маса
zulia	pazia	meza

стол	люлеещ се стол	кресло
kiti	kiti cha bembea	armchair

книга

kitabu

одеяло

blanketi

декорация

mapambo

дърва за отопление

kuni

филм

filamu

стерео уредба

kifaa cha hi-fi

ключ

ufunguo

вестник

gazeti

живопис

uchoraji

постер

bango

радио

redio

бележник

daftari

прахосмукачка

kifyonza

кактус

dungusi kakati

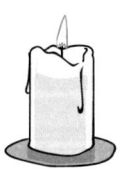

свещ

mshumaa

кухня
jikoni

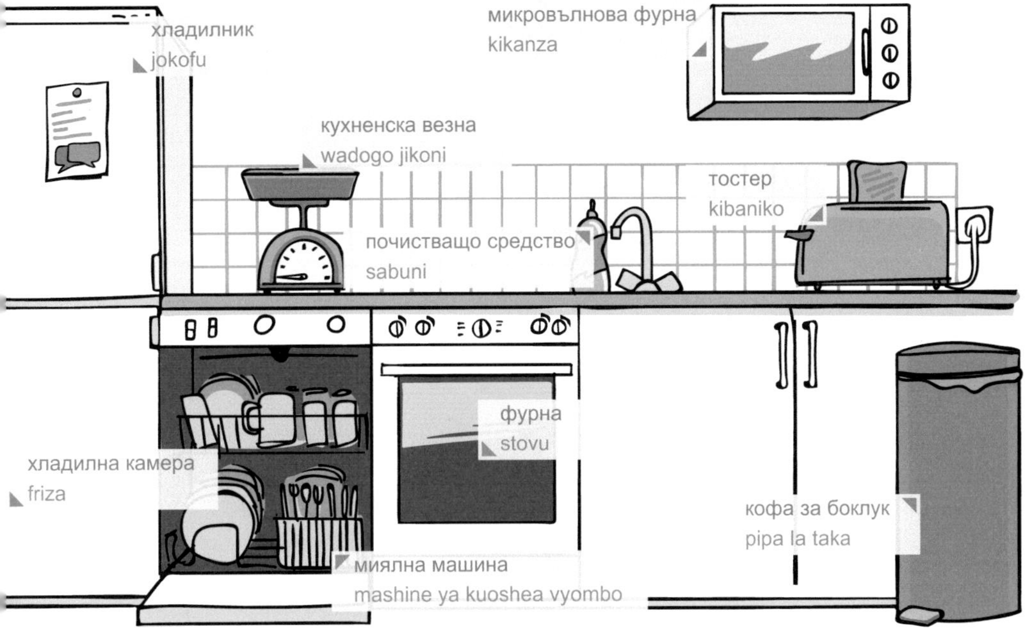
хладилник
jokofu
микровълнова фурна
kikanza
кухненска везна
wadogo jikoni
тостер
kibaniko
почистващо средство
sabuni
фурна
stovu
хладилна камера
friza
кофа за боклук
pipa la taka
миялна машина
mashine ya kuoshea vyombo

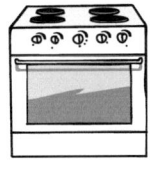

готварска печка

jiko la kupika

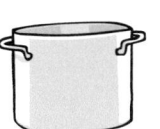

тенджера

chungu

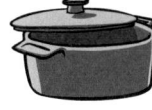

желязна тенджера

sufuria ya chuma

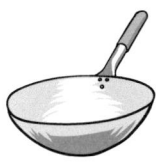

уок / кадаи

wok / kadai

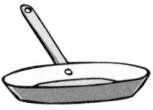

тиган

kaango

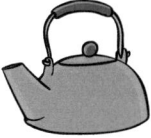

кана за затопляне на вода

birika

уред за готвене на пара

stima

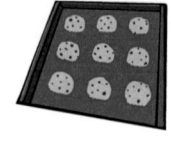

тава за печене

sinia ya kuoka

съдове

vyombo vya udongo

чаша

kombe

купа

bakuli

клечки за хранене

vijiti vya kulia

черпак

ukawa

лопатка за тиган

mwiko mpana

тел за разбиване (на яйца, белтъци)

burashi

кошница за варене

kichujio

гевгир

chujio

ренде

mbuzi

хаван

chokaa

барбекю

barbeque

огнище

moto wazi

дъска

ubao wa majaribio

точилка

kijiti cha kusukuma unga

тирбушон

kizibuo

кутия

kopo

отварачка за консерви

inaweza kopo

кухненска ръкохватка

kishikio cha chungu

мивка

karo

четка

brashi

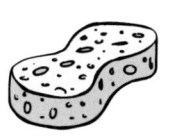

гъба

sifongo

миксер

kisagaji matunda

фризер

friji ya kina

бебешко шише

chupa ya mtoto

воден кран

bomba

баня
bafu

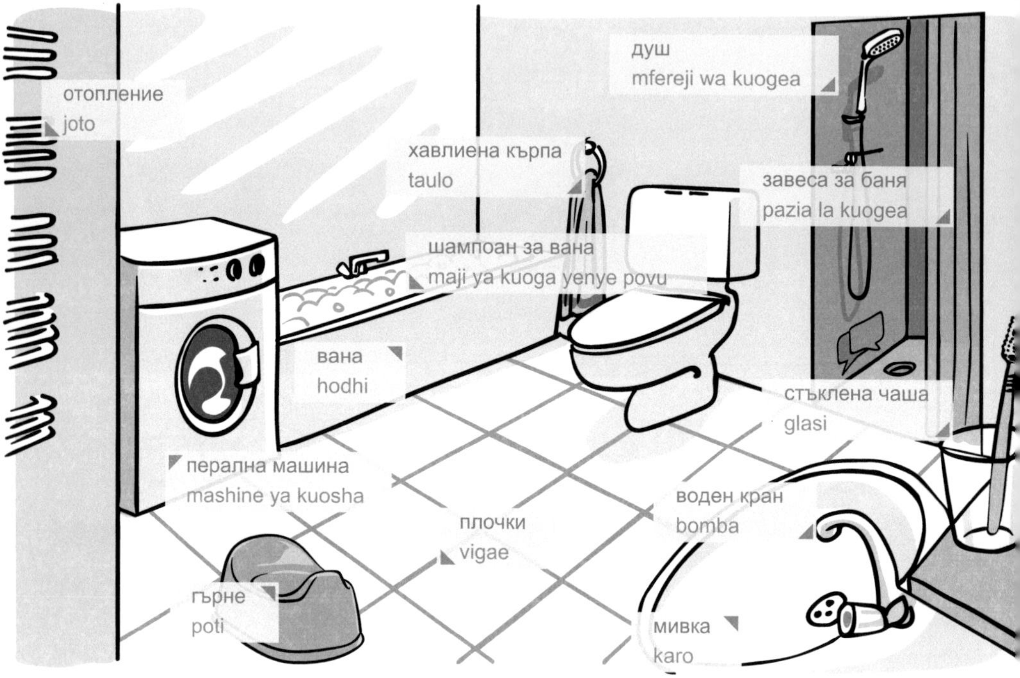

отопление
joto

душ
mfereji wa kuogea

хавлиена кърпа
taulo

шампоан за вана
maji ya kuoga yenye povu

завеса за баня
pazia la kuogea

вана
hodhi

стъклена чаша
glasi

перална машина
mashine ya kuosha

плочки
vigae

воден кран
bomba

гърне
poti

мивка
karo

тоалетна

choo

клекало

choo cha squat

биде

beseni la mviringo

писоар

choo cha umma

тоалетна хартия

shashi

четка за тоалетна

brashi ya choo

38   баня - bafu

четка за зъби

mswaki

паста за зъби

dawa ya meno

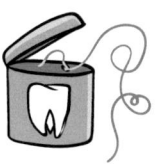

конец за зъби

dawa ya meno

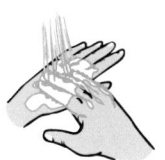

мия

safisha

ръчен душ

kuoga mkono

интимен душ

msukumo wa maji

леген

bonde

четка за гръб

mpako wa pili

сапун

sabuni

душ гел

jeli ya kuogea

шампоан за вана

shampuu

гъба за баня

flana

сифон

toa maji

крем

krimu

дезодорант

kiondoa harufu

огледало

kioo

козметично огледало

kioo mkono

ръчна самобръсначка

kinyozi

пяна за бръснене

povu la kunyoa

одеколон за след
бръснене
baada ya kunyoa

гребен

kichana

четка

brashi

сешоар

kikausha nywele

спрей за коса

marashi ya nyewele

грим

vipodozi

червило

kidomwa

лак за нокти

varnish ya msumari

памук

pamba

ножица за нокти

mkasi wa kucha

парфюм

manukato

тоалетна чантичка

mkoba wa kuosha

табуретка

kinyesi

везна

mizani

хавлия

nguo ya kuoga

домакински ръкавици

glavu za mpira

тампон

kisodo

дамски превръзки

sodo

химическа тоалетна

kemikali choo

детска стая

chumba ya mtoto

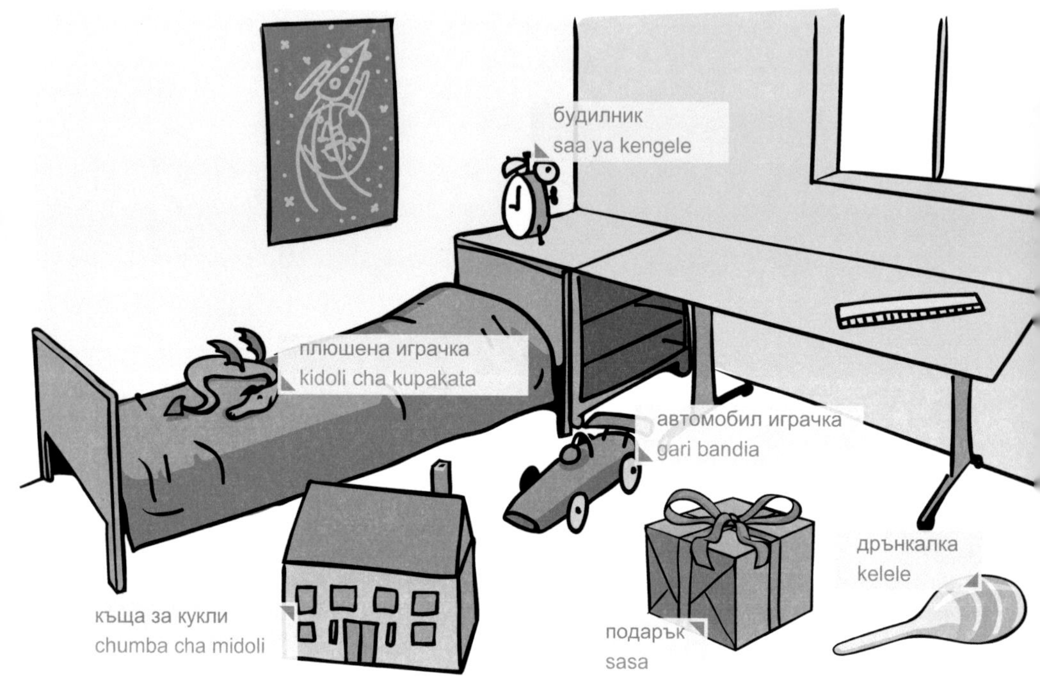

будилник
saa ya kengele
плюшена играчка
kidoli cha kupakata
автомобил играчка
gari bandia
дрънкалка
kelele
къща за кукли
chumba cha midoli
подарък
sasa

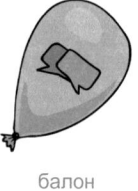

балон

baluni

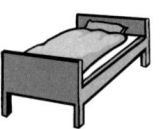

легло

kitanda

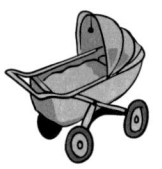

детска количка

mashua

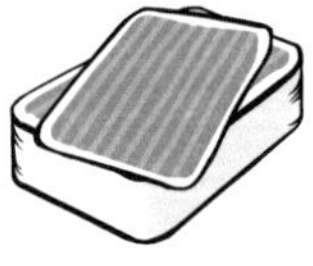

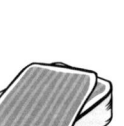

игра на карти

staha ya kadi

пъзел

mchezo-fumb

SUPER
MEGA

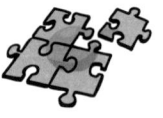

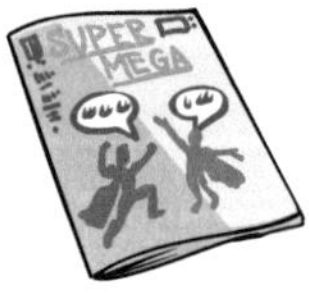

комикс

vichekesho

лего елементи

matofali lego

строителни елементи

vitalu mwigo

екшън фигурка

hatua takwimu

бебешки гащеризон

suti ya kulalia

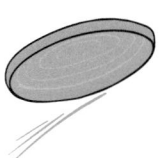

фрисби

kisahani

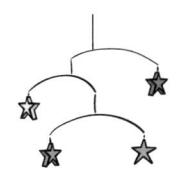

бебешки играчки за легло

simu

настолна игра

ubao wa michezo

зарче

kete

миниатюрно влакче

garimoshi mwigo

биберон

dummy

парти

chama

детска книга с илюстрации

picha kitabu

топка

mpira

кукла

kikaragosi

играя

kucheza

пясъчник

shimo la mchanga

люлка

bembea

играчка

vitu bandia

игрова конзола

kiweko cha video ya
mchezo

велосипед с три колелета

baiskeli ya magurudumu

плюшено мече

mwanasesere

matatu

гардероб

kabati

облекло

nguo

къси чорапи

soksi

дълги чорапи

stokingi

чорапогащник

kibano

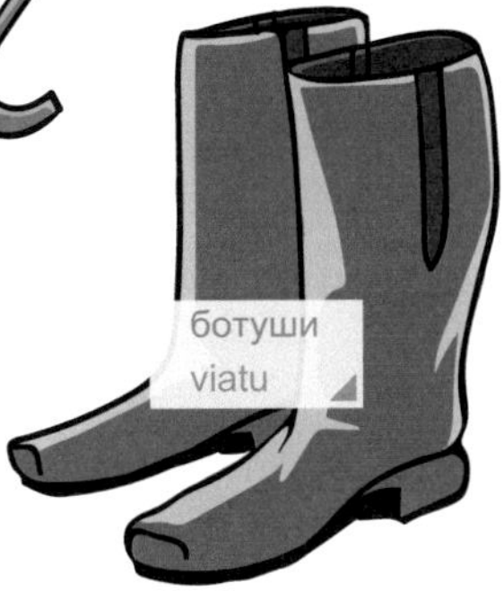

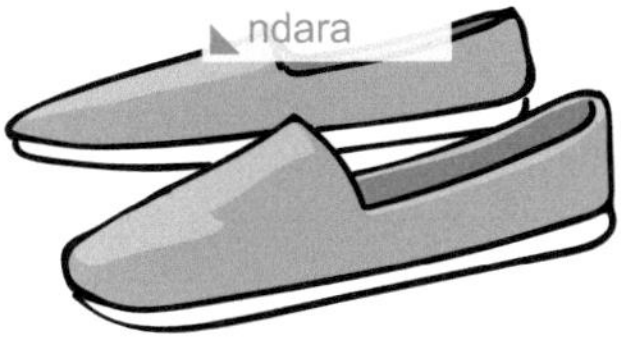

шал
skafu

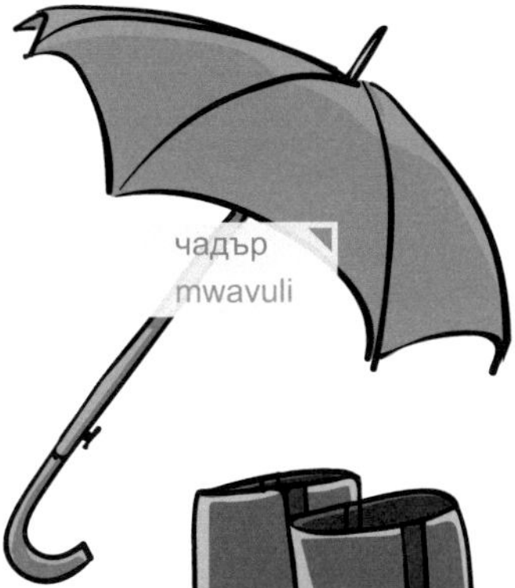

чадър
mwavuli

Т-шърт
fulana

колан
ukanda

ботуши
viatu

пантофи
ndara

гуменки
wakufunzi

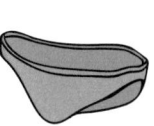

сандали

malapa

обувки

viatu

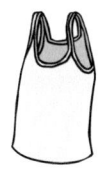

гумени ботуши

mabuti ya mpira

слип

suruali ya ndani

сутиен

sidiria

долна блуза

fulana

боди

mwili

панталон

suruali

дънки

dangirizi

пола

sketi

блуза

blauzi

риза

shati

пуловер

vuta

суичър

sweta

блейзър

bleza

яке

jaketi

палто

koti

дъждобран

koti la mvua

костюм

maleba

рокля

gauni

булчинска рокля

mavazi ya harusi

костюм

suti

нощница

vazi la usiku

пижама

pajama

сари

sari

кърпа за глава

skafu

тюрбан

kilemba

бурка

burka

кафтан

kaftan

абая

abaya

бански костюм

vazi la kuogelea

плувни шорти

vazi la kiume la kuogelea

къс панталон

kaptura

анцуг

teitei

престилка

aproni

ръкавици

glavu

копче

kifungo

очила

glasi

гривна

bangili

верижка

mkufu

пръстен

pete

обеца

herini

каскет

kofia

закачалка

kiango cha koti

шапка

kofia

вратовръзка

tai

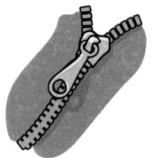

цип

zipu

каска

kofia

тиранти

kanda za suruali

ученическа униформа

sare za shule

униформа

sare

лигавник
bibu

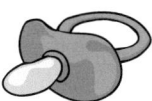

биберон
dummy

пелена
nepi

сървър
seva

шкаф за документи
kabati la kuweka faili

принтер
kichapishaji

монитор
kiwambo

хартия
karatasi

мишка
kipanya

бюро
dawati

папка
folda

клавиатура
kibodi

е за хартиени отпадъци
u cha kuweka karatasi chafu

стол
kiti

компютър
kompyuta

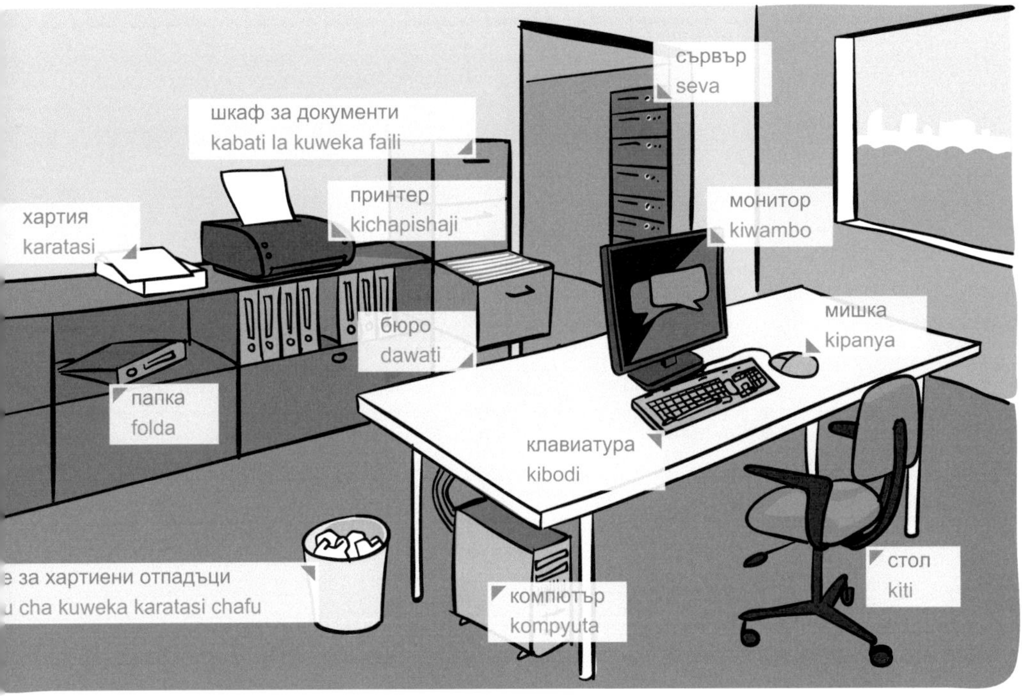

чаша за кафе
kmobe la kahawa

джобен калкулатор
kikokotoo

интернет
biashara

лаптоп

mbali

писмо

barua

съобщение

ujumbe

мобилен телефон

rununu

мрежа

intaneti

ксерокс

fotokopia

софтуер

programu

телефон

simu

контакт

soketi

факс

kipepesi

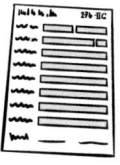

формуляр

fomu

документ

hati

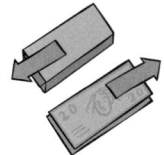

купувам

kununua

плащам

kulipa

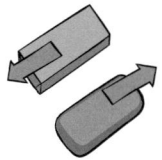

търгувам

biashara

пари

fedha

долар

dola

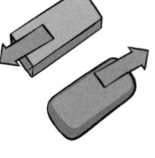

евро

yuro

йена

yeni

рубла

rouble

швейцарски франк

faranga ya Uswisi

ренминби юан

renminbi yuan

рупия

rupia

банкомат

eneo la kulipia

обменно бюро

ofisi ya ubadilishanaji

злато

dhahabu

сребро

fedha

нефт

mafuta

енергия

nishati

цена

bei

договор

mkataba

данък

kodi

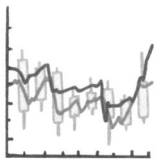

акция

bidhaa

работя

kazi

служител

mfanyakazi

работодател

mwajiri

фабрика

kiwanda

магазин за цветя

duka

полицай
afisa wa polisi

пожарникар
mzimamoto

полицай
afisa wa polisi

готвач
mpishi

лекар
daktari

пилот
rubani

градинар

mtunza bustani

мебелист

seremala

шивачка

mshonaji

съдия

hakimu

химик

mwanakemia

артист

muigizaji

шофьор на автобус

dereva wa basi

шофьор на такси

dereva wa teksi

рибар

mvuvi

чистачка

mwanamke wa kusafisha

майстор на покриви

mwezekaji

келнер

mhudumu

ловец

mwindaji

художник

mchoraji

хлебар

mwokaji

електротехник

umeme

строителен работник

mjenzi

инженер

mhandisi

касапин

mchinjaji

тенекеджия

fundi bomba

пощальон

mwanaposta

войник

mwanajeshi

архитект

msanifu majengo

касиер

keshia

цветар

muuza maua

фризьор

msusi

кондуктор

kondakta

механик

mekanika

капитан

nahodha

зъболекар

daktari wa meno

научен работник

mwanasayansi

равин

rabbi

имѐм

imamu

монах

mtawa

свещеник

kasisi

инструменти

zana

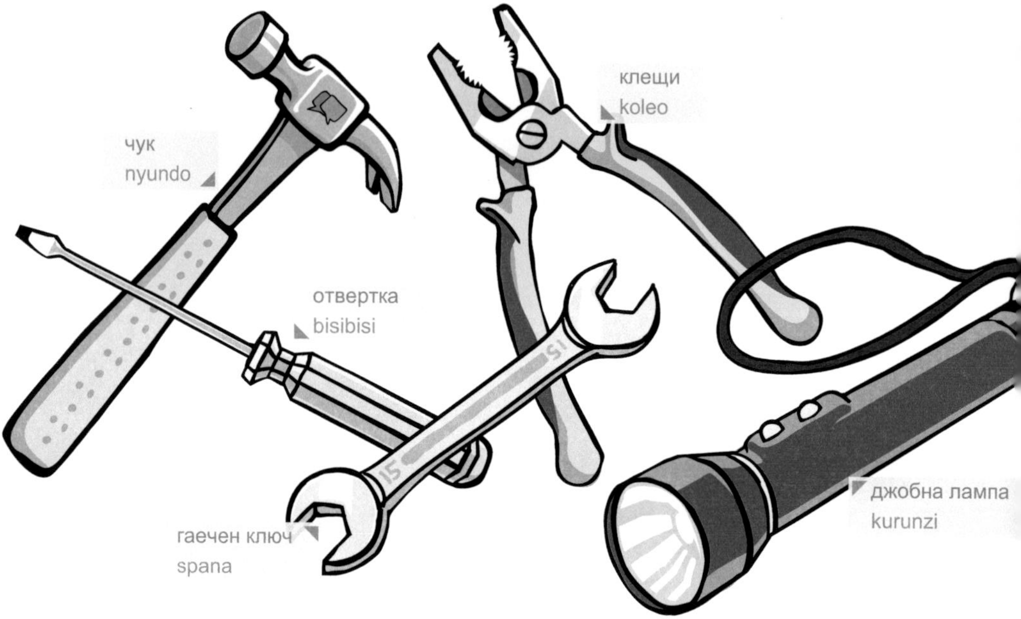
чук
nyundo
клещи
koleo
отвертка
bisibisi
гаечен ключ
spana
джобна лампа
kurunzi

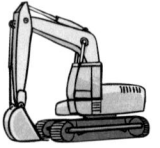

багер

mchimbaji

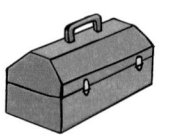

кутия за инструменти

sanduku la vifaa

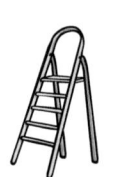

стълба

ngazi

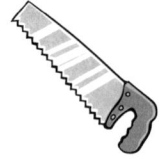

трион

msumeno

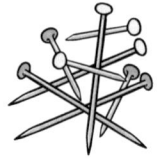

пирони

misumari

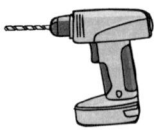

бормашина

kuchimba visima

ремонтирам

kukarabati

лопата

sepetu

По дяволите!

Lo!

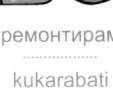

лопатка за смет

kishikio cha uchafu

кутия за боя

chungu cha rangi

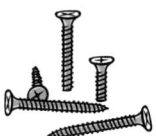

болтове

skurubu

музикални инструменти
ala za muziki

височоговорител
spika

ударни инструменти
mpangilio wa ngoma

китара
gita

контрабас
besi mara mbili

тромпет
tarumbeta

пиано

piano

виолина

fidla

тимпан

timpani

барабан

ngoma

саксофон

saksafoni

флейта

filimbi

контрабас

ubeji

електрическо пиано

kibodi

микрофон

maikrofoni

зоологическа градина

bustani ya wanyama

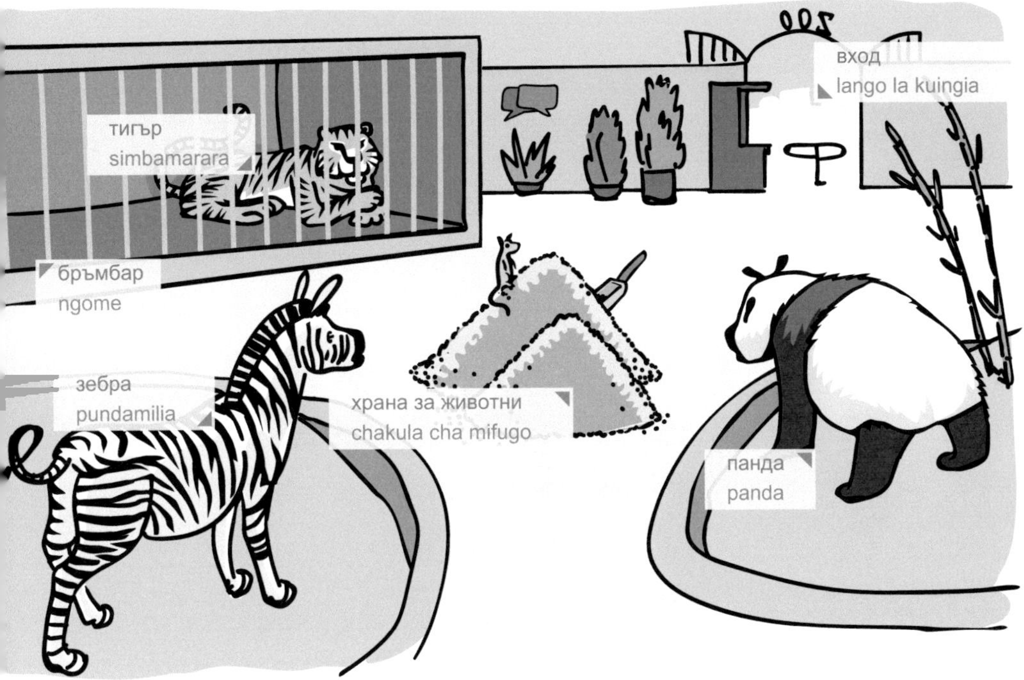

вход
lango la kuingia
тигър
simbamarara
бръмбар
ngome
зебра
pundamilia
храна за животни
chakula cha mifugo
панда
panda

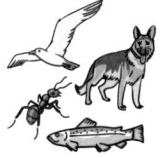

животни

wanyama

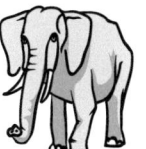

слон

tembo

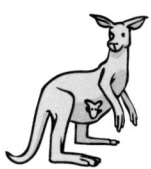

кенгуру

kangaruu

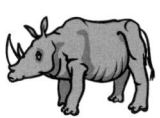

носорог

kifaru

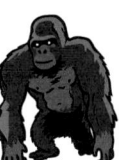

горила

sokwe

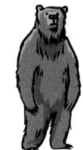

мечка

dubu

камила

ngamia

щраус

mbuni

лъв

simba

маймуна

tumbili

фламинго

heroe

папагал

kasuku

бяла мечка

dubu

пингвин

penguini

акула

papa

паун

tausi

змия

nyoka

крокодил

mamba

пазач в зоологическа
градина

mtunza wanyama

тюлен

muhuri

ягуар

jaguar

пони

mwanafarasi

леопард

chui

хипопотам

kiboko

жираф

twiga

орел

tai

диво прасе

nguruwe mwitu

риба

samaki

костенурка

kobe

морж

sili

лисица

mbweha

газела

paa

американски футбол
soka ya marekani

колоездене
uendeshaji baiskeli

тенис
tenisi

баскетбол
mpira wa kikapu

плуване
kuogelea

бокс
ndondi

хокей на лед
magongo ya barafuni

футбол
soka

бадминтон
vinyoya

лека атлетика
riadha

хандбал
mpira wa mikono

ски бягане
skii

поло
polo

дейности
shughuli

смея се
cheka
скачам
kuruka
прегръщам
kumbatia
вървя
kutembea
пея
kuimba
сънувам
ota ndoto
моля се
kuomba
целувам
busu

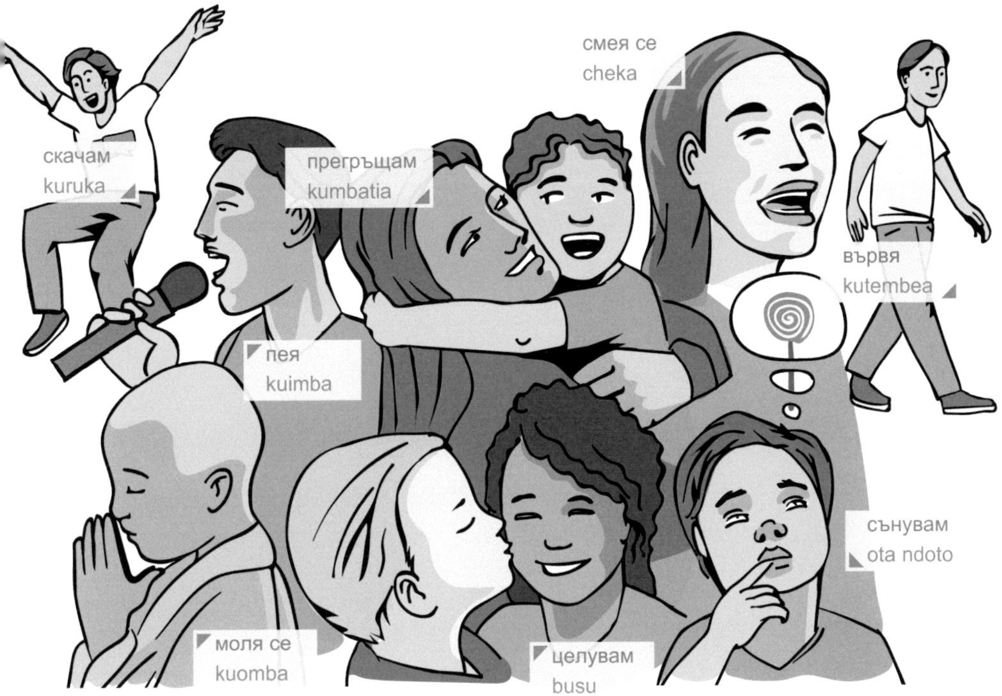

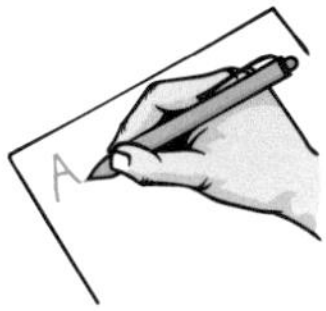

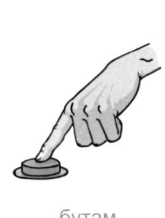

пиша
kuandika

рисувам
kuteka

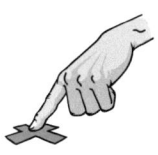

показвам
angalia

бутам
sukuma

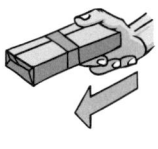

давам
kutoa

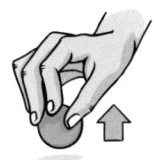

взимам
kuchukua

имам

kuwa

правя

fanya

съм

kuwa

стоя

kusimama

тичам

kukimbia

дърпам

vuta

хвърлям

kutupa

падам

kuanguka

лежа

hadaa

чакам

kusubiri

нося

kubeba

седя

kukaa

обличам

vaa nguo

спя

usingizi

събуждам се

kuamka

разглеждам

kuangalia

плача

lia

милвам

kiharusi

реша се

chana nywele

говоря

ongea

разбирам

kuelewa

питам

kuuliza

слушам

kusikiliza

пия

kunywa

ям

kula

разтребвам

nadhifisha

обичам

upendo

готвя

mpishi

карам автомобил

gari

летя

kuruka

плавам (с платна)

meli

смятане

kokotoa

чета

kusoma

уча

kujifunza

работя

kazi

женя се

kuoa

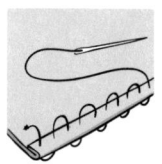

шия

kushona

измивам си зъбите

piga mswaki

убивам

kuua

пуша

moshi

изпращам

kutuma

семейство
familia

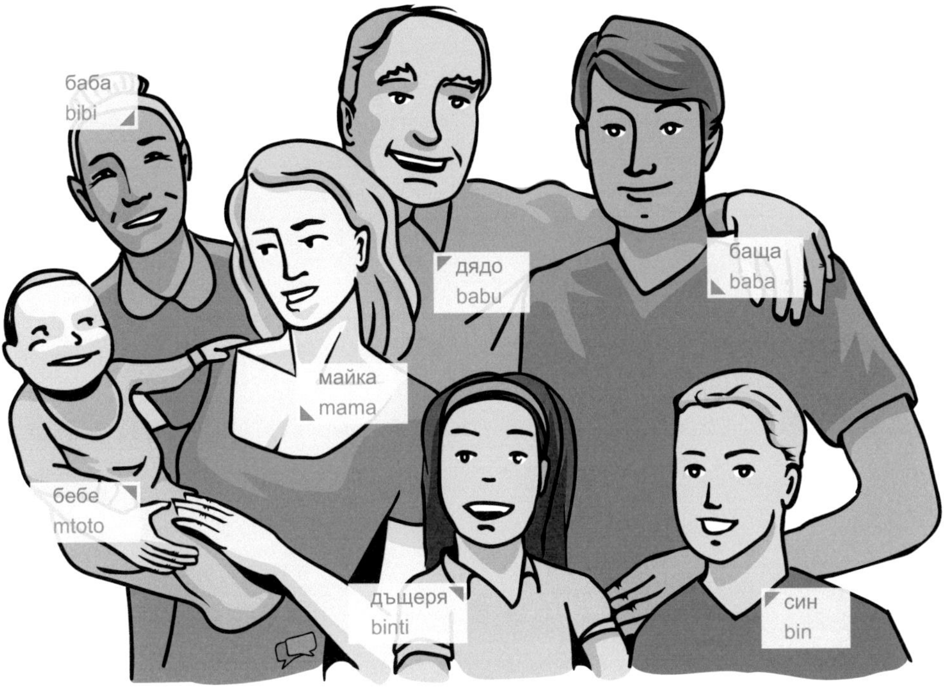
баба
bibi
дядо
babu
баща
baba
майка
mama
бебе
mtoto
дъщеря
binti
син
bin

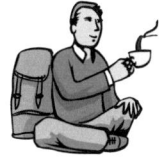

посетител

mgeni

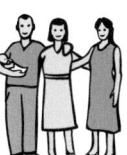

леля

shangazi

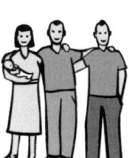

чичо

mjomba

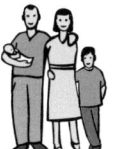

брат

kaka

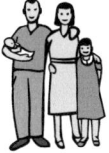

сестра

dada

тяло

mwili

чело
paji la uso
око
jicho
рамо
bega
пръст
kidole
лице
uso
брадичка
kidevu
ръка
mkono
гърди
matiti
крак
mguu
ръка
mkono

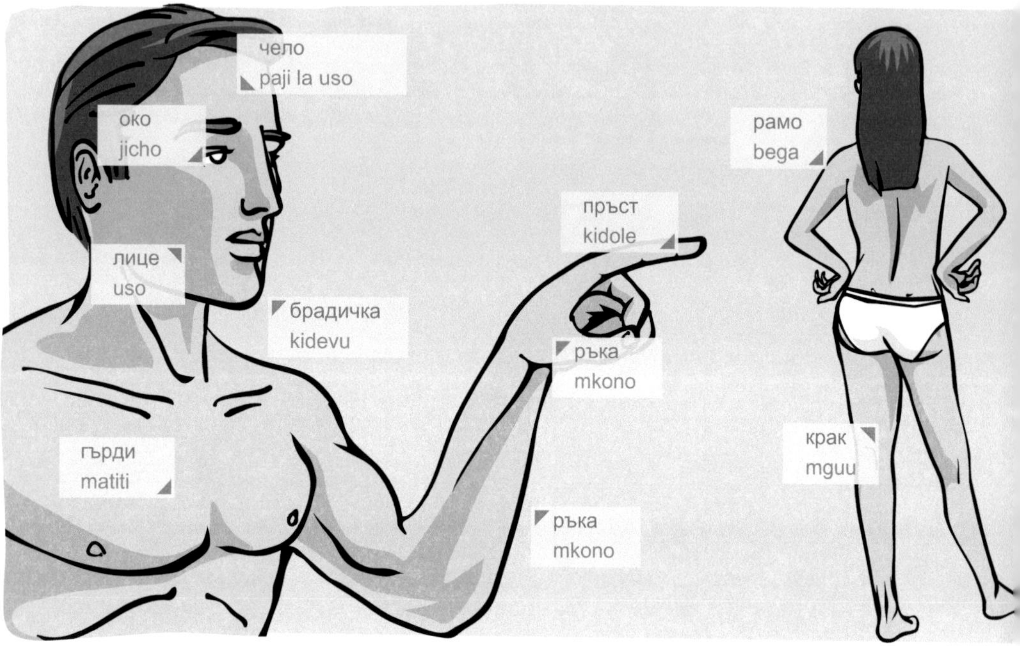

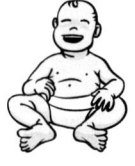

бебе

mtoto

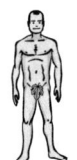

мъж

mwanamume

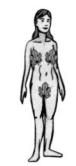

жена

mwanamke

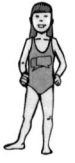

момиче

msichana

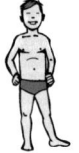

момче

mvulana

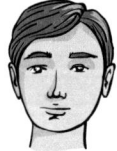

глава

kichwa

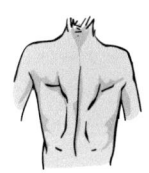

гръб

nyuma

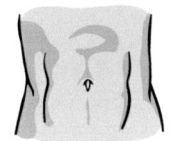

корем

tumbo

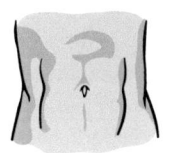

пъп

kitovu

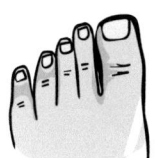

пръст на крака

chano

пета

kisigino

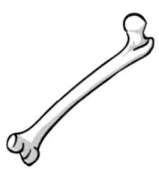

кост

mfupa

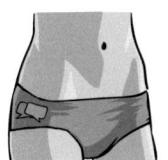

хълбок

nyonga

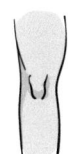

коляно

goti

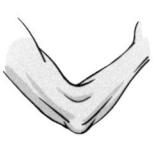

лакът

kiwiko

нос

pua

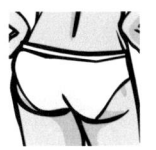

седалище

chini

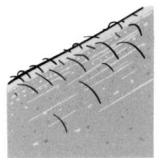

кожа

ngozi

буза

shavu

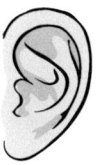

ухо

sikio

устна

mdomo

уста

kinywa

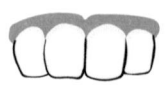

зъб

jino

език

ulimi

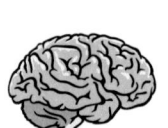

мозък

ubongo

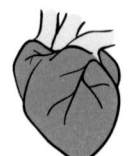

сърце

moyo

мускул

misuli

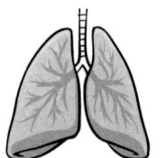

бял дроб

pafu

черен дроб

ini

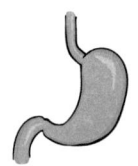

стомах

tumbo

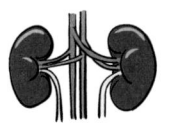

бъбреци

figo

полово сношение

jinsia

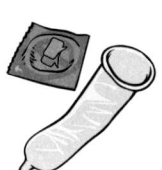

кондом

kondomu

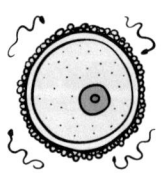

яйцеклетка

ovari

сперма

shahawa

бременност

mimba

тяло - mwili

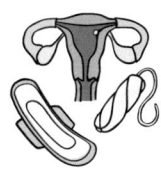

менструация

hedhi

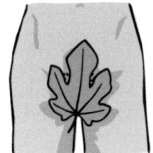

вагина

uke

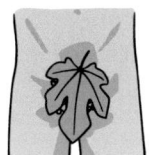

пенис

uume

вежда

unyusi

коса

nywele

шия

shingo

болница

hospitali

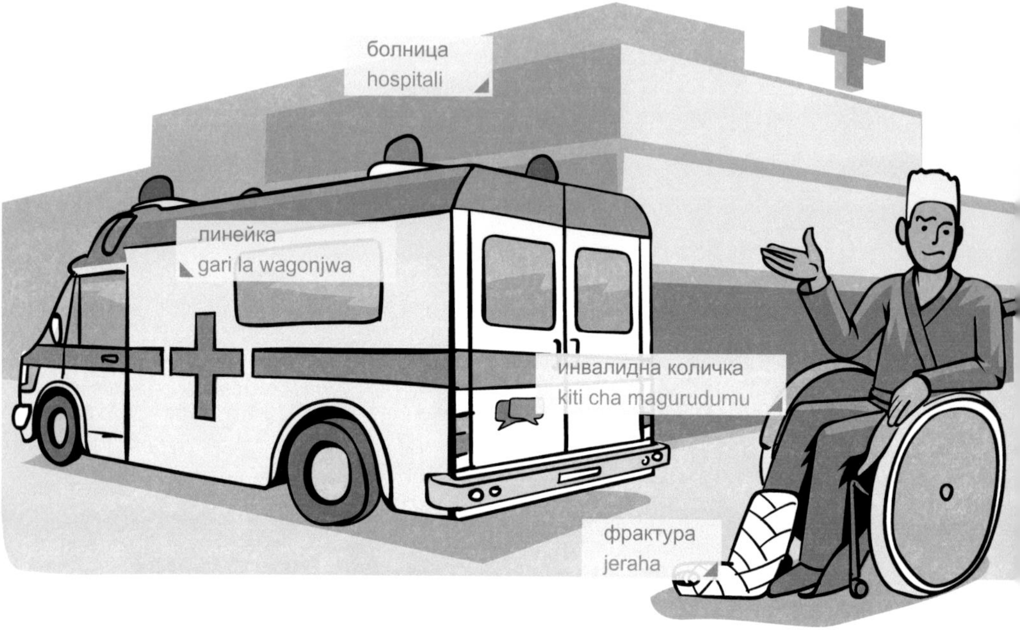

болница
hospitali
линейка
gari la wagonjwa
инвалидна количка
kiti cha magurudumu
фрактура
jeraha

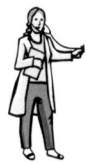

лекар

daktari

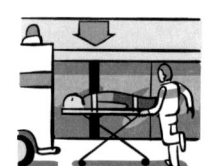

спешна хоспитализация

chumba cha dharura

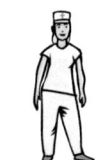

медицинска сестра

muuguzi

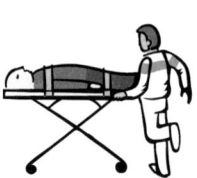

спешен случай

dharura

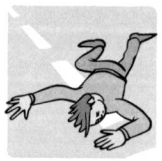

в безсъзнание

kupoteza fahamu

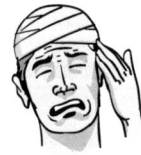

болка

maumivu

нараняване

kuumia

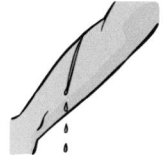

кървене

kutokwa na damu

инфаркт

mshtuko wa moyo

инсулт

kiharusi

алергия

mzio

кашлица

kikohozi

температура

homa

грип

mafua

диария

kuharisha

главоболие

maumivu ya kichwa

рак

kansa

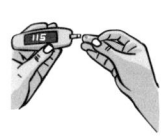

диабет

ugonjwa wa kisukari

хирург

daktari mpasuaji

скалпел

kisu kidogo cha kupasulia

операция

operesheni

компютърна томография

picha changanufu ya mwili

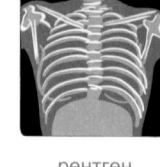

рентген

Eksrei

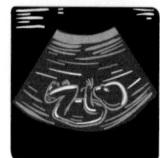

ултразвук

mawimbi sauti

маска

barakoa ya uso

болест

ugonjwa

чакалня

chumba cha kusubiri

патерица

mkongojo

пластир

plasta

превръзка

bendeji

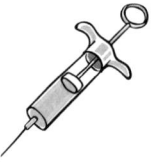

инжекция

sindano

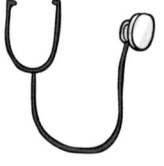

стетоскоп

stetoskopu

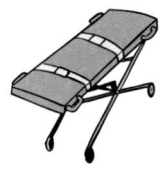

носилка

machela

термометър

kipimajoto cha kliniki

раждане

kuzaliwa

наднормено тегло

unene kupita kiasi

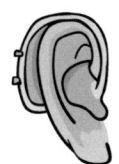

слухов апарат

kusikia misaada

дезинфекционно средство

kipukusi

инфекция

maambukizi

вирус

virusi

HIV / AIDS

VVU / UKIMWI

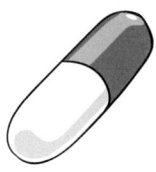

медицина

dawa

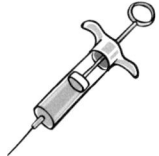

ваксинация

chanjo

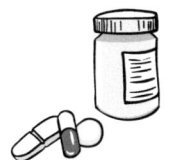

таблети

vidonge

противозачатъчна
таблетка
kidonge

спешно телефонно
обаждане
simu ya dharura

апарат за измерване на
кръвното налягане

haemodainamometa

болен / здрав

mgonjwa / mwenye afya

Помощ!

Msaada!

сигнал за тревога

kengele

нападение

pigo

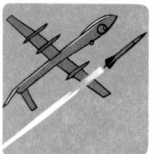

атака

shambulizi

опасност

hatari

авариен изход

lango la dharura

Пожар!

Moto!

пожарогасител

kizima moto

злополука

ajali

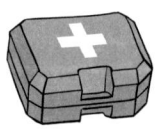

комплект за оказване на
първа помощ

vifaa vya huduma ya
kwanza

SOS

wito wa msaada

полиция

polisi

Европа

Ulaya

Северна Америка

Amerika ya Kaskazini

Южна Америка

Amerika ya Kusini

Африка

Afrika

Азия

Asia

Австралия

Australia

Атлантически океан

Atlantiki

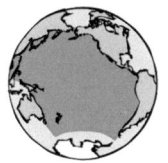

Тихи океан

Pasifiki

Индийски океан

Bahari ya Hindi

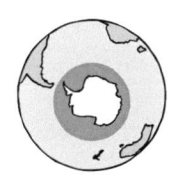

Южен ледовит океан

Bahari ya Antaktiki

Северен ледовит океан

Bahari ya Aktiki

Северен полюс

Ncha ya Kaskazini

Южен полюс

Ncha ya Kusini

Антарктида

Antaktika

Земя

dunia

суша

nchi

море

bahari

остров

kisiwa

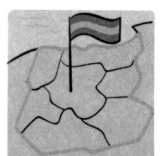

нация

taifa

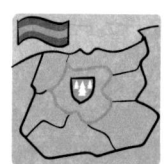

държава

jimbo

циферблат

uso wa saa

стрелка на часовете

akrabu ya saa

стрелка на минутите

akrabu ya dakika

стрелка на секундите

akrabu ya sekunde

Колко е часът?

Ni saa ngapi?

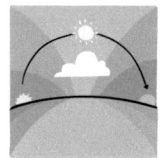

ден

siku

време

wakati

сега

sasa

дигитален часовник

saa ya dijitali

минута

dakika

час

saa

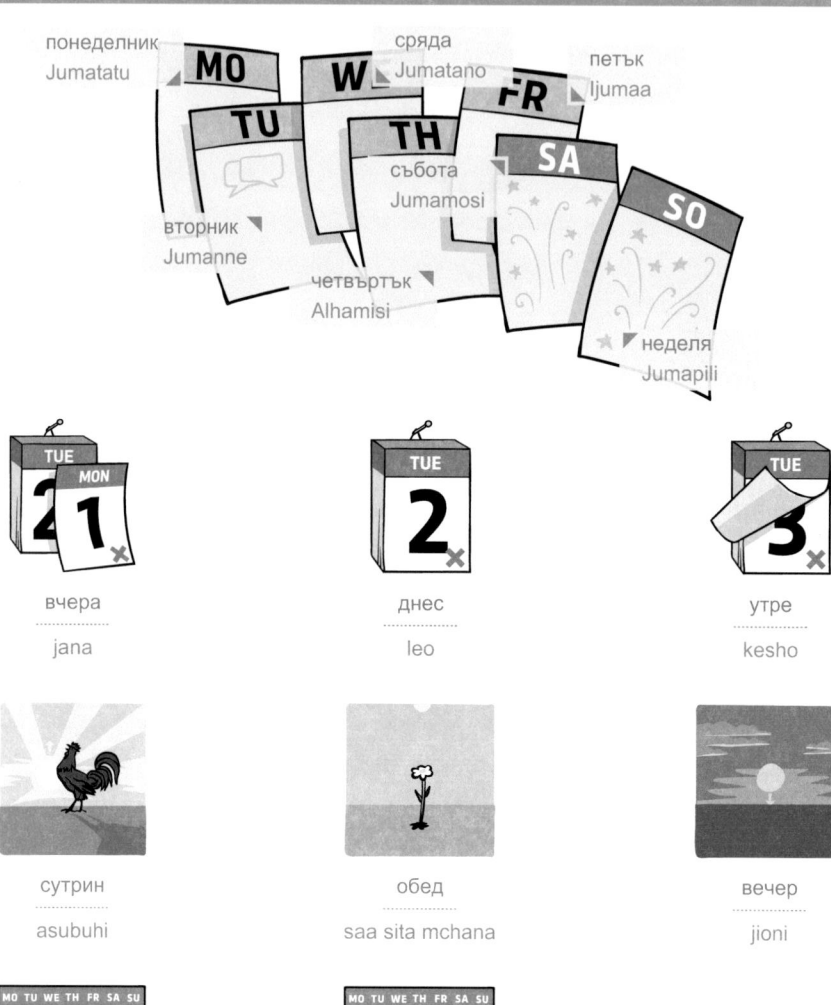

понеделник
Jumatatu

сряда
Jumatano

петък
Ijumaa

вторник
Jumanne

четвъртък
Alhamisi

събота
Jumamosi

неделя
Jumapili

вчера
jana

днес
leo

утре
kesho

сутрин
asubuhi

обед
saa sita mchana

вечер
jioni

работни дни
siku za biashara

уикенд
mwishoni mwa wiki

дъжд
mvua

дъга
upinde wa mvua

сняг
theluji

вятър
upepo

пролет
majira ya machipuko

есен
vuli

лято
kiangazi

зима
majira ya baridi

4.APRIL	11°	☀
5.APRIL	4°	☁
6.APRIL	13°	☔
7.APRIL	8°	❄
8.APRIL	10°	☀

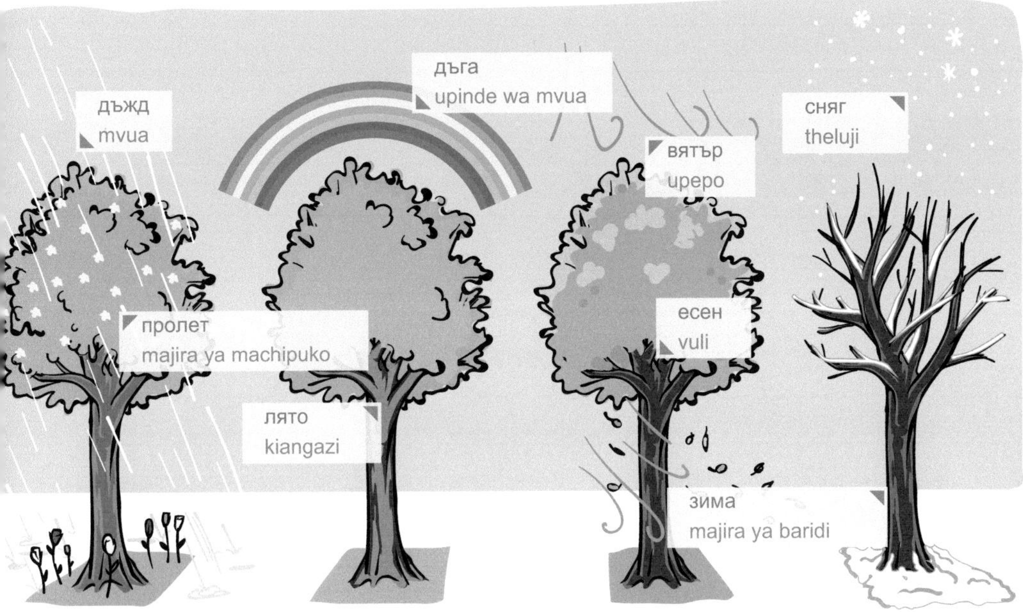

прогноза за времето
utabiri wa hali ya hewa

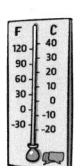

термометър
kipimajoto

слънчева светлина
mwanga wa jua

облак
wingu

мъгла
ukungu

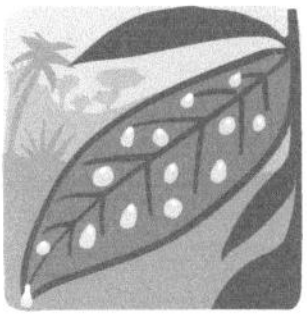

влажност на въздуха
unyevu

светкавица

umeme

гръмотевица

radi

буря

dhoruba

градушка

mvua ya mawe

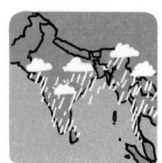

мусон

monsuni

наводнение

mafuriko

лед

barafu

януари

Januari

февруари

Februari

март

Machi

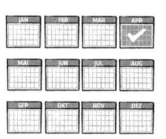

април

Aprili

май

Mei

юни

Juni

юли

Julai

август

Agosti

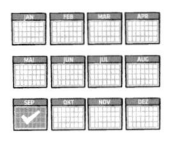

септември

Septemba

октомври

Oktoba

ноември

Novemba

декември

Desemba

форми

maumbo

кръг

mduara

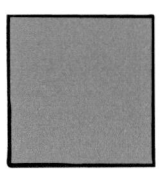

квадрат

mraba

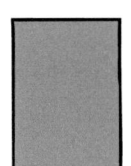

четириъгълник

mstatili

триъгълник

pembetatu

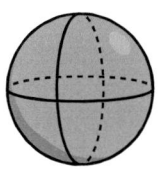

сфера

nyanja

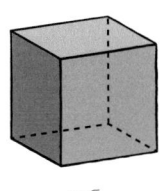

куб

mchemraba

бял

nyeupe

жълт

manjano

оранжев

chungwa

розов

rangi ya waridi

червен

nyekundu

лилав

hudhurungi

син

bluu

зелен

kijani

кафяв

hanja

сив

jivujivu

черен

nyeusi

много / малко

mengi / kidogo

ядосан / спокоен

hasira / pole

красив / грозен

nzuri / mbaya

начало / край

mwanzo / mwisho

голям / малък

kubwa / ndogo

светъл / тъмен

angavu / giza

брат / сестра

kaka / dada

чист / мръсен

safi / chafu

пълен / непълен

kamilika / tokamilika

ден / нощ

siku / usiku

мъртъв / жив

wafu / hai

широк / тесен

pana / nyembamba

ядлив / неядлив

kulika / kutolika

сърдит / любезен

ovu / ema

развълнуван / скучаещ

sisimkwa / udhika

дебел / тънък

nene / nyembamba

най-напред / най-накрая

kwanza / mwisho

приятел / враг

rafiki / adui

пълен / празен

jaa / tupu

твърд / мек

ngumu / laini

тежък / лек

nzito / nyepesi

глад / жажда

njaa / kiu

болен / здрав

mgonjwa / mwenye afya

нелегален / легален

haramu / kisheria

интелигентен / глупав

akili / kijinga

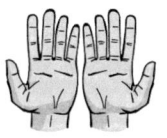

ляво / дясно

kushoto / kulia

близо / далече

karibu / mbali

нов / употребяван

mpya / kutumika

нищо / нещо

kitu / jambo

стар / млад

zee / changa

вкл. / изкл.

waka / zima

отворен / затворен

wazi / fungwa

тих / силен (звук)

utulivu / kelele

богат / беден

tajiri / masikini

правилен / погрешен

sahihi / kosa

грапав / гладък

mbaya / laini

тъжен / щастлив

huzunika / furahia

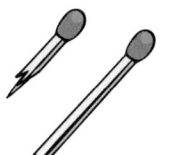

дълъг / къс

fupi /ndefu

бавен / бърз

polepole / haraka

мокър / сух

nyevu / kavu

топъл / студен

joto / baridi

война / мир

vita / amani

0

нула

sufuri

1

едно

moja

2

две

mbili

3

три

tatu

4

четири

nne

5

пет

tano

6

шест

sita

7

седем

saba

8

осем

nane

9

девет

tisa

10

десет

kumi

11

единадесет

kumi na moja

12

дванадесет

kumi na mbili

13

тринадесет

kumi na tatu

14

четиринадесет

kumi na nne

15

петнадесет

kumi na tano

16

шестнадесет

kumi na sita

17

седемнадесет

kumi na saba

18

осемнадесет

kumi na nane

19

деветнадесет

kumi na tisa

20

двадесет

ishirini

100

сто

mia

1.000

хиляда

elfu

1.000.000

милион

milioni

английски

Kiingereza

американски английски

Kiingereza cha Marekani

китайски мандарин

Kimandarini cha Uchina

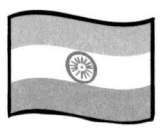

хинди

Kihindi

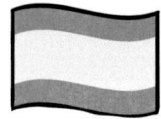

испански

Kihispania

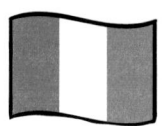

френски

Kifaransa

арабски

Kiarabu

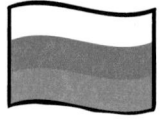

руски

Kirusi

португалски

Kireno

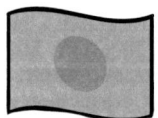

бенгалски

Kibengali

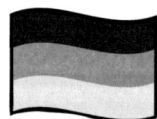

немски

Kijerumani

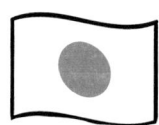

японски

Kijapani

аз

mimi

ти

wewe

той / тя / то

yeye / yeye / ni

ние

sisi

вие

wewe

те

wao

кой?

nani?

какво?

nini?

как?

jinsi gani?

къде?

wapi?

кога?

lini?

име

jina

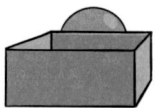

зад

nyuma

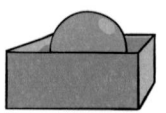

в

katika

пред

mbele ya

над

juu ya

върху

kwenye

под

chini ya

до

kando

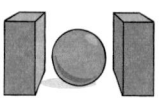

между

kati

място

mahali